Impressum
Verlag: BABADADA GmbH, Nedderfeld 112 , 22529 Hamburg
Geschäftsführer / Verlagsleitung: Harald Hof
Druck: Books on Demand GmbH, In de Tarpen 42, 22848 Norderstedt

Imprint
Publisher: BABADADA GmbH, Nedderfeld 112 , 22529 Hamburg, Germany
Managing Director / Publishing direction: Harald Hof
Print: Books on Demand GmbH, In de Tarpen 42, 22848 Norderstedt

okul
mokykla

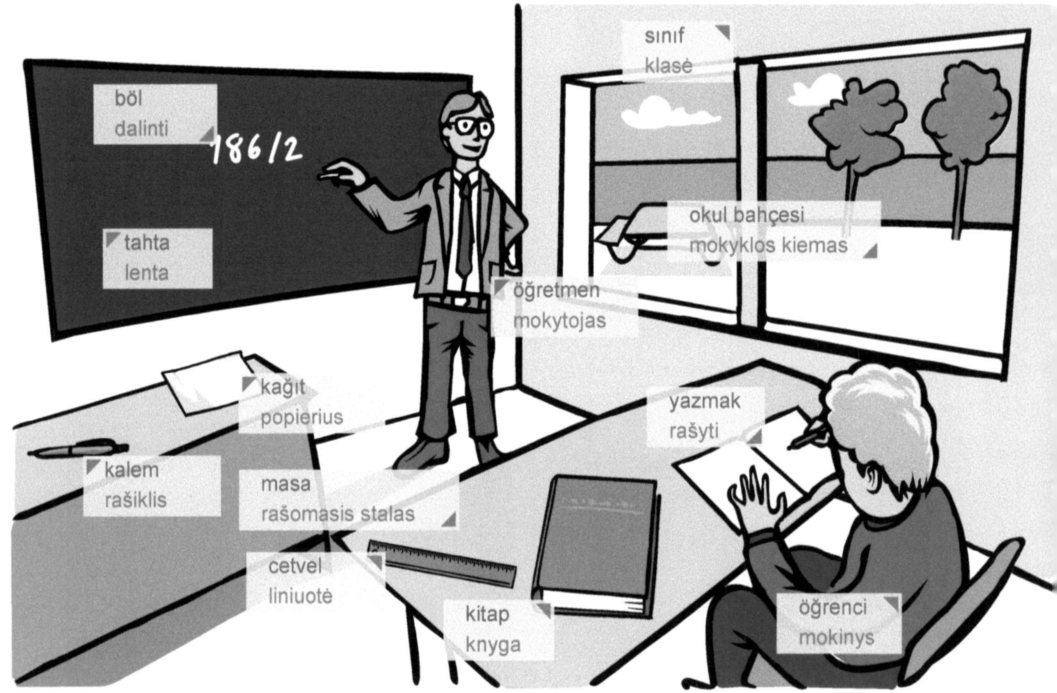

sınıf
klasė
böl
dalinti
186/2
tahta
lenta
okul bahçesi
mokyklos kiemas
öğretmen
mokytojas
kağıt
popierius
yazmak
rašyti
kalem
rašiklis
masa
rašomasis stalas
cetvel
liniuotė
kitap
knyga
öğrenci
mokinys

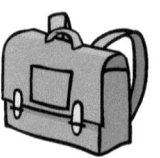

okul çantası
kuprinė

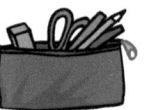

kalemlik
penalas

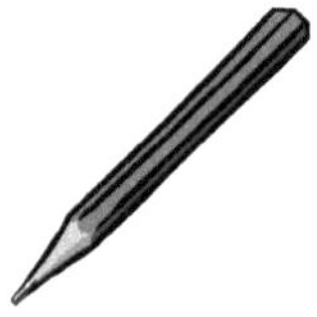

kurşun kalem
pieštukas

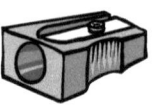

kalem açacağı
drožtukas

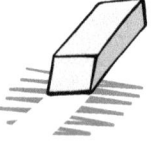

silgi
trintukas

çizim defteri
piešimo bloknotas

çizim

piešinys

resim fırçası

teptukas

boya kutusu

dažų dėžutė

makas

žirklės

tutkal

klijai

alıştırma kitabı

vadovėlis

ödev

namų darbai

sayı

numeris

2+2

ekle

pridėti

çıkar

atimti

çarp

dauginti

hesapla

skaičiuoti

harf

raidė

alfabe

abėcėlė

kelime

žodis

metin

tekstas

okumak

skaityti

tebeşir

kreida

ders

pamoka

kayıt

dienynas

sınav

egzaminas

sertifika

pažymėjimas

okul forması

mokyklinė uniforma

eğitim

išsilavinimas

ansiklopedi

enciklopedija

üniversite

universitetas

mikroskop

mikroskopas

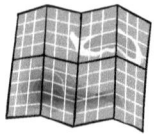

harita

žemėlapis

kağıt çöp kutusu

šiukšliadėžė

seyahat
kelionė

otel
viešbutis
Grand
pansiyon
svečių namai
ROOMS
döviz bürosu
valiutos keitykla
EXCHANGE
bavul
lagaminas
otomobil
mašina

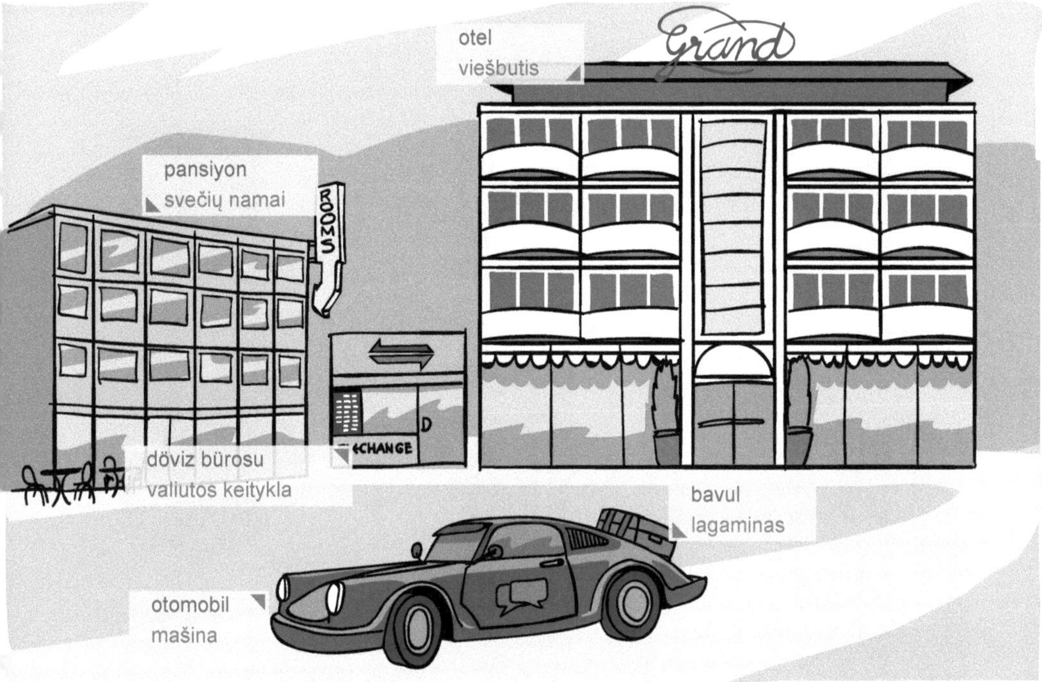

dil
kalba

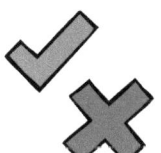

evet / hayır
taip / ne

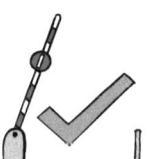

Tamam
Gerai

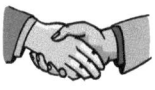

merhaba
sveiki

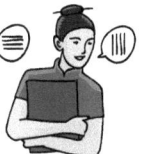

çevirmen
vertėjas raštu

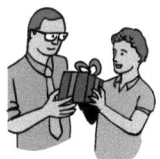

Teşekkür ederim
Ačiū

bu ... ne kadar?

kiek kainuoja...?

anlamadım

aš nesuprantu

problem

problema

İyi akşamlar!

Labas vakaras!

Günaydın!

Labas rytas!

İyi geceler!

Labos nakties!

güle güle

viso gero

yön

kryptis

bagaj

bagažas

çanta

krepšys

sırt çantası

kuprinė

misafir

svečias

oda

kambarys

uyku tulumu

miegmaišis

çadır

palapinė

turist danışma

turizmo informacija

sahil

paplūdimys

kredi kartı

kreditinė kortelė

kahvaltı

pusryčiai

öğle yemeği

pietūs

akşam yemeği

vakarienė

Bilet

bilietas

asansör

liftas

pul

pašto ženklas

sınır

siena

gümrük

muitinė

elçilik

ambasada

vize

viza

pasaport

pasas

seyahat - kelionė 7

ulaşım
transportas

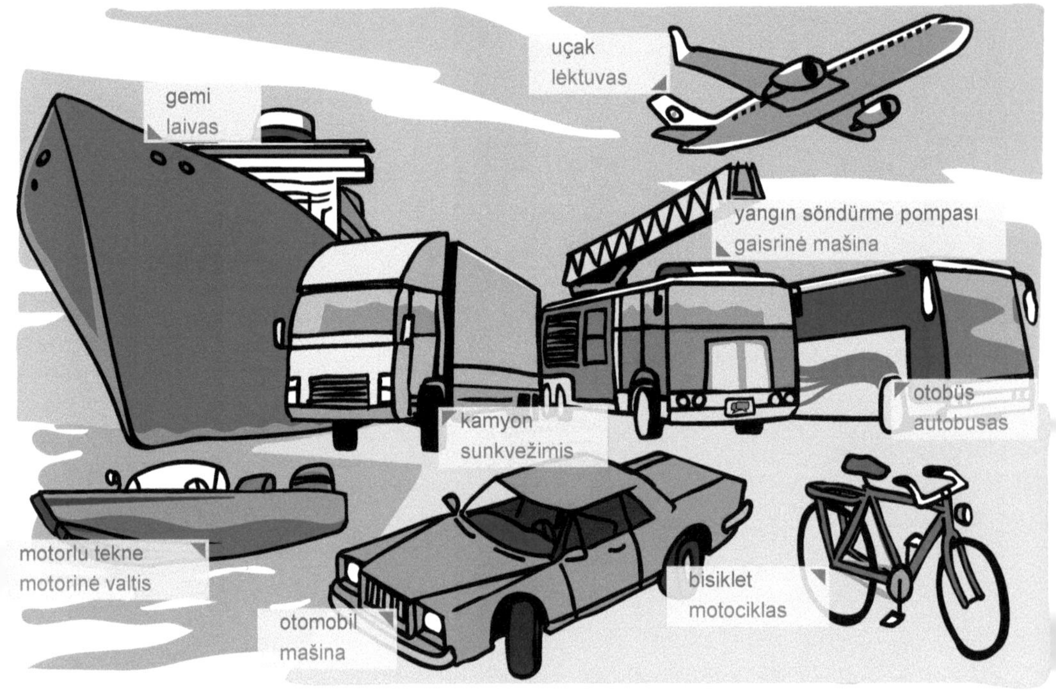
uçak
lėktuvas
gemi
laivas
yangın söndürme pompası
gaisrinė mašina
otobüs
autobusas
kamyon
sunkvežimis
motorlu tekne
motorinė valtis
bisiklet
motociklas
otomobil
mašina

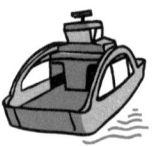

feribot

keltas

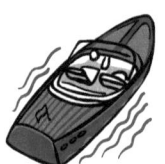

bot

valtis

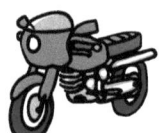

motosiklet

mopedas

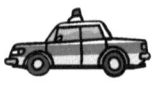

polis arabası

policijos automobilis

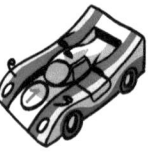

yarış arabası

lenktyninis automobilis

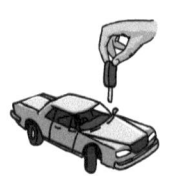

kiralık araba

nuomojamas automobilis

ortak araba

bendras automobilio
naudojimas

çekici

techninės pagalbos
automobilis

çöp kamyonu

šiukšliavežė

motor

variklis

yakıt

degalai

benzinlik

degalinė

trafik işareti

kelio ženklas

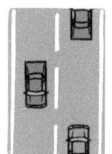

trafik

eismas

trafik sıkışıklığı

eismo spūstis

otopark

mašinų stovėjimo aikštelė

tren istasyonu

traukinių stotis

ray

bėgiai

tren

traukinys

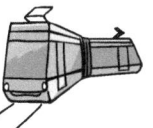

tramvay

tramvajus

vagon

vagonas

helikopter

sraigtasparnis

havaalanı

oro uostas

kule

bokštas

yolcu

keleivis

konteyner

konteineris

koli

dėžė

yük arabası

vežimėlis

sepet

krepšys

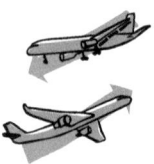

kalkış / iniş

pakilti / nusileisti

şehir

miestas

köy

kaimas

şehir merkezi

miesto centras

ev

namas

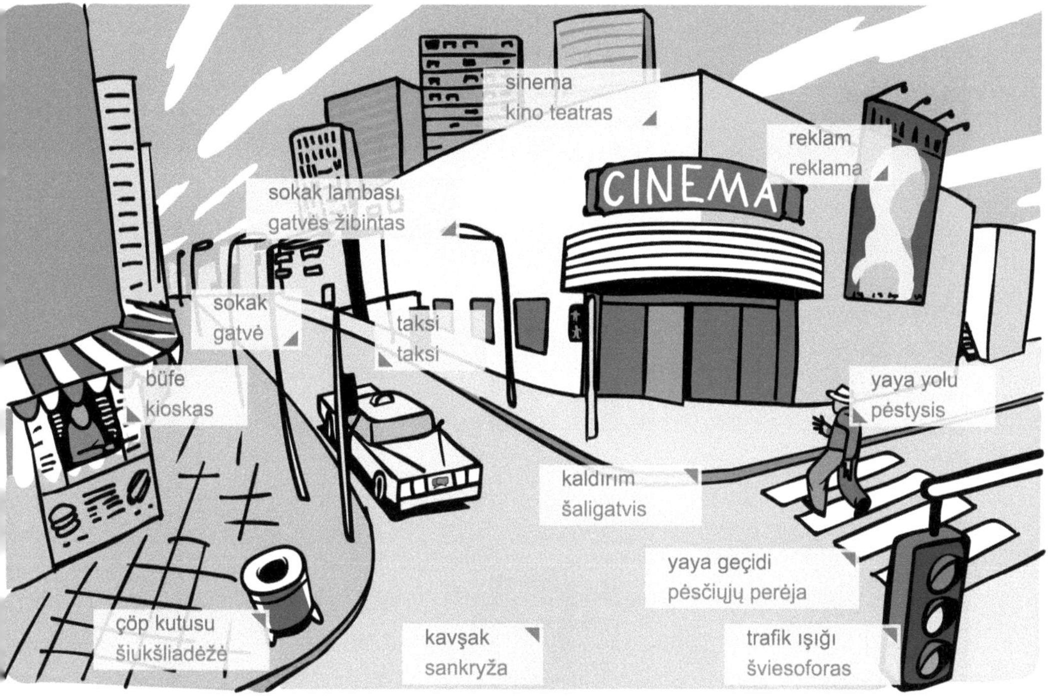

sinema
kino teatras

reklam
reklama

sokak lambası
gatvės žibintas

sokak
gatvė

taksi
taksi

büfe
kioskas

yaya yolu
pėstysis

kaldırım
šaligatvis

yaya geçidi
pėsčiųjų perėja

çöp kutusu
šiukšliadėžė

kavşak
sankryža

trafik ışığı
šviesoforas

CINEMA

kulübe
trobelė

apartman dairesi
butas

tren istasyonu
traukinių stotis

belediye binası
rotušė

müze
muziejus

okul
mokykla

üniversite

universitetas

banka

bankas

hastane

ligoninė

otel

viešbutis

eczane

vaistinė

ofis

biuras

kitapçı

knygynas

mağaza

parduotuvė

çiçekçi

gėlių parduotuvė

süpermarket

prekybos centras

market

turgus

büyük mağaza

universalinė parduotuvė

balık satıcısı

žuvies parduotuvė

alışveriş merkezi

prekybos centras

liman

uostas

park
parkas

bank
suoliukas

köprü
tiltas

merdiven
laiptai

metro
metro

tünel
tunelis

otobüs durağı
autobusų stotelė

bar
baras

restoran
restoranas

posta kutusu
lauko pašto dėžutė

sokak tabelası
kelio ženklas

otopark sayacı
parkomatas

hayvanat bahçesi
zoologijos sodas

yüzme havuzu
baseinas

cami
mečetė

çiftlik

ūkininko ūkis

kirlilik

tarša

mezarlık

kapinės

kilise

bažnyčia

oyun alanı

žaidimų aikštelė

tapınak

šventykla

arazi
kraštovaizdis

yaprak
lapas

yön tabelası
kelio rodyklė

yol
kelias

çayır
pieva

taş
akmuo

yürüyüşçü
ėjikas

ağaç
medis

ırmak
upė

çimen
žolė

çiçek
gėlė

14

vadi

slėnis

tepe

kalva

göl

ežeras

orman

miškas

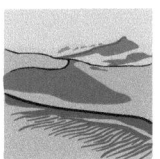

çöl

dykuma

volkan

ugnikalnis

kale

pilis

gökkuşağı

vaivorykštė

mantar

grybas

palmiye

palmė

sivrisinek

uodas

sinek

musė

karınca

skruzdėlė

arı

bitė

örümcek

voras

böcek

vabalas

kurbağa

varlė

sincap

voverė

kirpi

ežys

yabani tavşan

kiškis

baykuş

pelėda

kuş

paukštis

kuğu

gulbė

yaban domuzu

šernas

geyik

elnias

geyik

briedis

baraj

užtvanka

rüzgar türbini

vėjo jėgainė

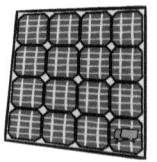

güneş paneli

saulės baterija

iklim

klimatas

restoran
restoranas

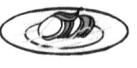

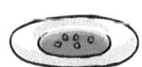

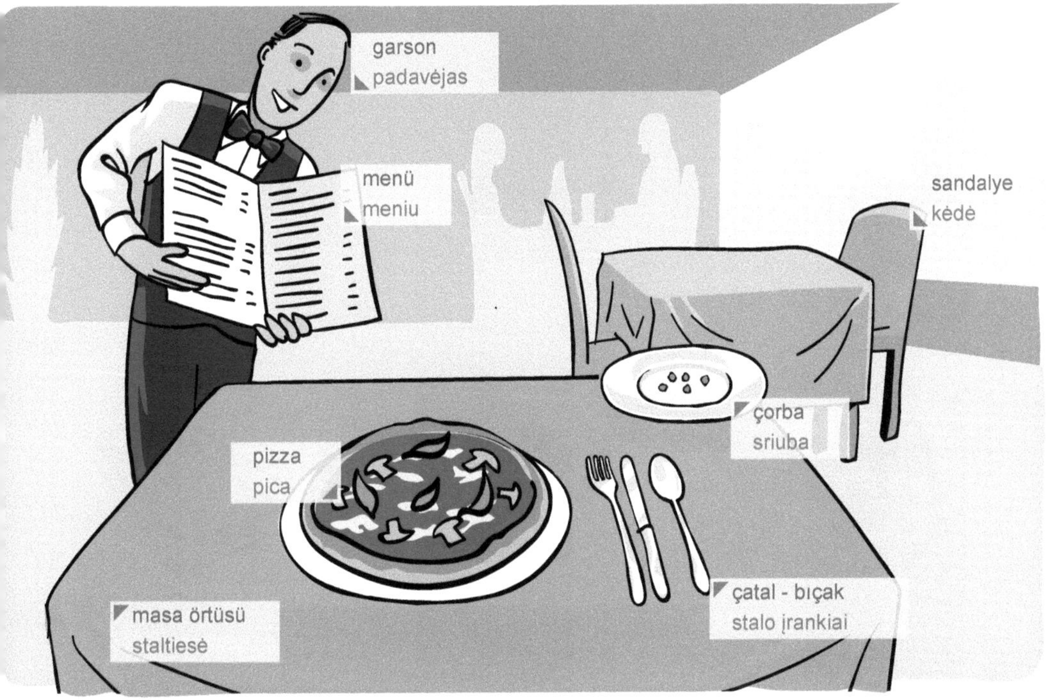
garson
padavėjas
menü
meniu
sandalye
kėdė
çorba
sriuba
pizza
pica
çatal - bıçak
stalo įrankiai
masa örtüsü
staltiesė

başlangıç
užkandis

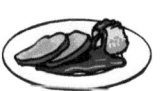

ana yemek
pagrindinis patiekalas

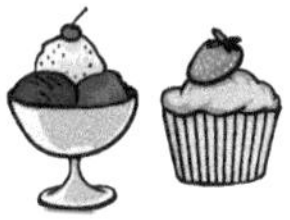

tatlı
desertas

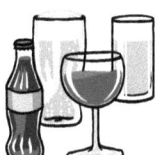

içecekler
gėrimai

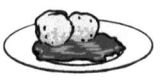

yemek
maistas

şişe
butelis

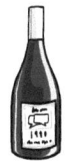

fastfood

greitai pateikiamas maistas

sokak yemeği

gatvės maistas

çaydanlık

arbatinukas

şekerlik

cukrinė

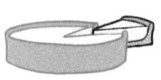

porsiyon

porcija

espresso makinesi

espreso aparatas

mama sandalyesi

aukšta kėdė

fatura

sąskaita

tepsi

padėklas

bıçak

peilis

çatal

šakutė

kaşık

šaukštas

çay kaşığı

arbatinis šaukštelis

servis peçetesi

servetėlė

bardak

stiklinė

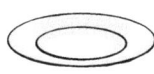

tabak

lėkštė

çorba kasesi

sriubos lėkštė

fincan altlığı

padėklas

sos

padažas

tuzluk

druskinė

karabiber değirmeni

pipirų malūnėlis

sirke

actas

yağ

aliejus

baharat

prieskoniai

ketçap

kečupas

hardal

garstyčios

mayonez

majonezas

süpermarket
prekybos centras

özel teklif
specialus pasiūlymas
müşteri
pirkėjas
FOR
süt ürünleri
pieno produktai
meyve
vaisiai
alışveriş arabası
troleibusas

BUTCHERS

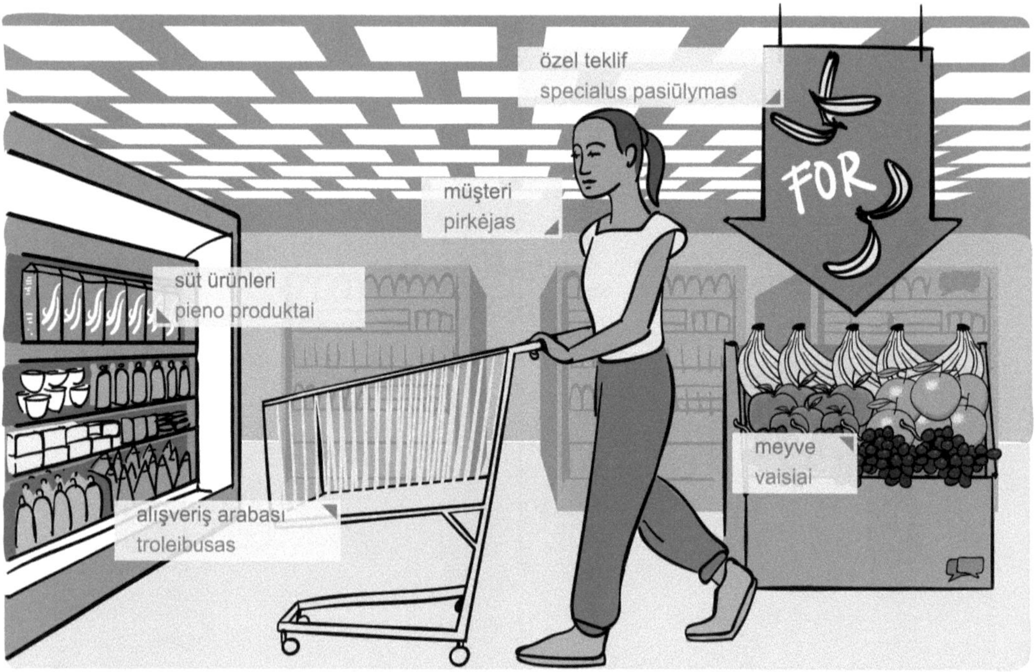

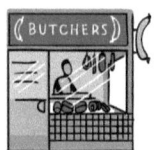

kasap
mėsos parduotuvė

BAKERY

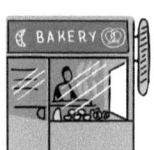

fırın
kepykla

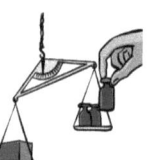

tartmak
sverti

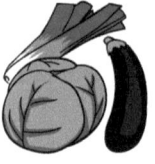

sebze
daržovės

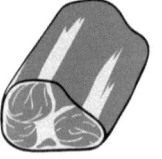

et
mėsa

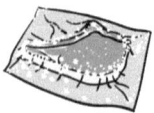

donmuş gıda
šaldytas maistas

söğüş et

šalti mėsos užkandžiai

konserve yiyecek

konservai

toz deterjan

skalbimo milteliai

şekerlemeler

saldumynai

ev temizlik ürünleri

ūkinės prekės

temizlik ürünleri

valymo priemonės

satış görevlisi

pardavėja

yazar kasa

kasos aparatas

kasiyer

kasininkas

alışveriş listesi

pirkinių sąrašas

açılış saatleri

darbo valandos

cüzdan

piniginė

kredi kartı

kreditinė kortelė

çanta

maišelis

plastik poşet

plastikinis maišelis

su

vanduo

meyve suyu

sultys

süt

pienas

kola

kola

şarap

vynas

bira

alus

alkol

alkoholis

kakao

kakava

çay

arbata

kahve

kava

espresso

espresas

kapuçino

kapučinas

muz

bananas

elma

obuolys

portakal

apelsinas

kavun

arbūzas

limon

citrina

havuç

morka

sarımsak

česnakas

bambu

bambukas

soğan

svogūnas

mantar

grybas

çerez

riešutai

makarna

makaronai

spagetti

spagečiai

pirinç

ryžiai

salata

salotos

cips

traškučiai

patates kızartması

keptos bulvės

pizza

pica

hamburger

mėsainis

sandviç

sumuštinis

şinitzel

pjausnys

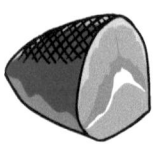

pastırma

kumpis

salam

saliamis

sosis

dešrelė

tavuk

vištiena

rosto

kepsnys

balık

žuvis

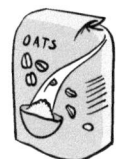

yulaf ezmesi

avižų dribsniai

müsli

dribsniai su priedais

mısır gevreği

kukurūzų dribsniai

un

miltai

kruvasan

prancūziškasis ragelis

küçük ekmek

bandelė

ekmek

duona

tost

skrebutis

bisküvi

sausainiai

tereyağı

sviestas

kaymak

varškė

kek

tortas

yumurta

kiaušinis

sahanda yumurta

kiaušinienė

peynir

sūris

dondurma

ledai

şeker

cukrus

bal

medus

reçel

uogienė

fındık ezmesi

tepamas šokoladas

köri

karis

yemek - maistas

çiftlik
ūkininko ūkis

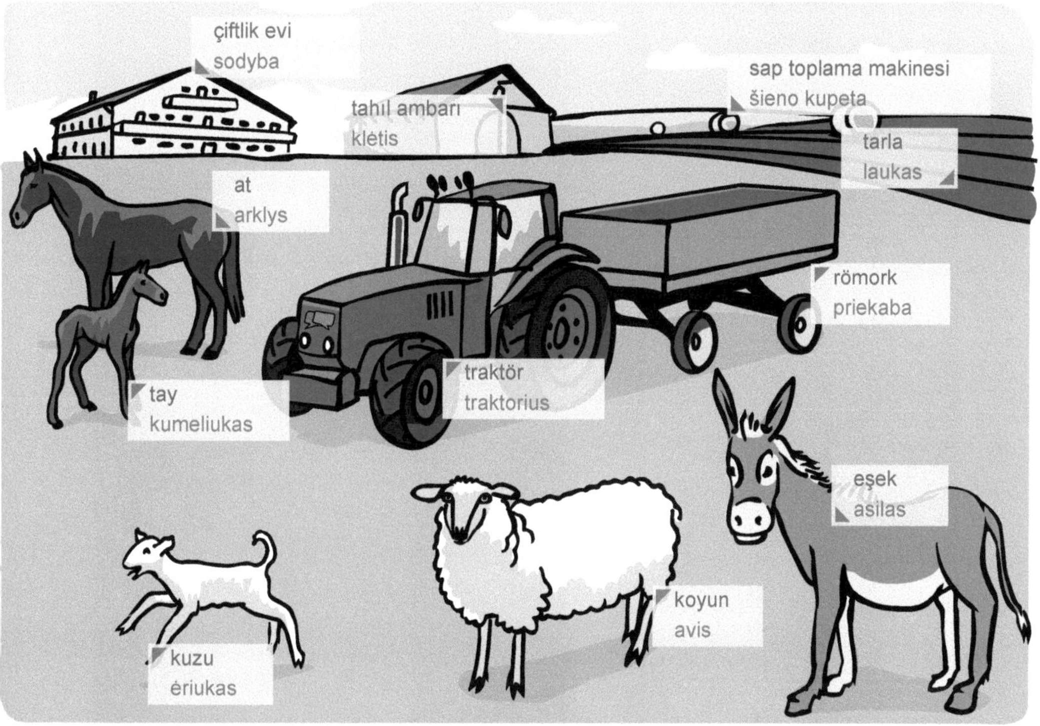
çiftlik evi
sodyba
tahıl ambarı
klėtis
sap toplama makinesi
šieno kupeta
tarla
laukas
at
arklys
römork
priekaba
traktör
traktorius
tay
kumeliukas
eşek
asilas
koyun
avis
kuzu
ėriukas

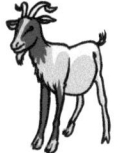

keçi
ožys

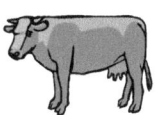

inek
karvė

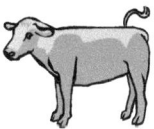

buzağı
veršis

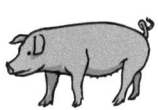

domuz
kiaulė

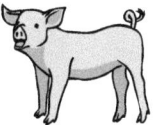

domuz yavrusu
paršelis

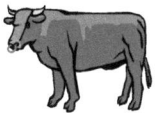

boğa
bulius

kaz

žąsis

ördek

antis

civciv

viščiukas

tavuk

višta

horoz

gaidys

sıçan

žiurkė

kedi

katė

fare

pelė

öküz

jautis

köpek

šuo

köpek kulübesi

šuns būda

bahçe hortumu

sodo namas

sulama kabı

laistytuvas

tırpan

dalgis

pulluk

plūgas

orak

pjautuvas

çapa

kauptukas

dirgen

šakės

balta

kirvis

el arabası

statinė

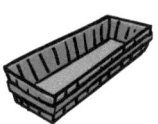

yemlik

lovys

süt kovası

bidonas

çuval

maišas

çit

tvora

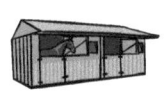

ahır

arklidė

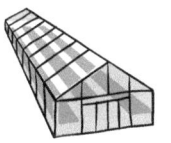

sera

šiltnamis

toprak

dirva

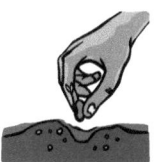

tohum

sėkla

gübre

trąšos

biçerdöver

kombainas

hasat etmek

rinkti

harman

derlius

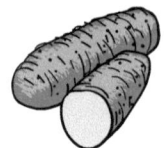

tatlı patates

saldžiosios bulvės

buğday

kviečiai

soya

soja

patates

bulvė

mısır

kukurūzai

kolza

rapsai

meyve ağacı

vaismedis

manyok

manijokas

hububat

grūdai

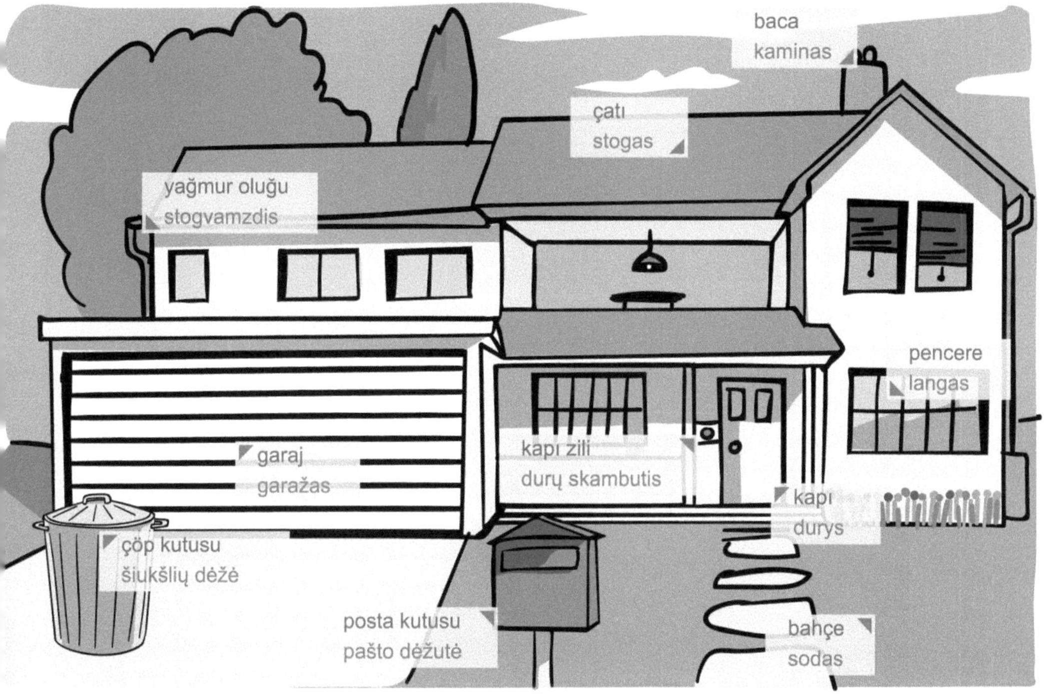

baca
kaminas

çatı
stogas

yağmur oluğu
stogvamzdis

pencere
langas

garaj
garažas

kapı zili
durų skambutis

kapı
durys

çöp kutusu
šiukšlių dėžė

posta kutusu
pašto dėžutė

bahçe
sodas

oturma odası

svetainė

banyo

vonios kambarys

mutfak

virtuvė

yatak odası

miegamasis

çocuk odası

vaiko kambarys

yemek odası

valgomasis

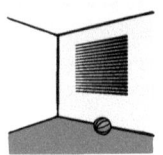

zemin

grindys

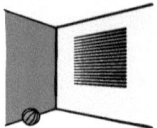

duvar

siena

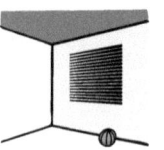

tavan

lubos

kiler

rūsys

sauna

sauna

balkon

balkonas

teras

terasa

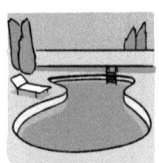

havuz

baseinas

çim biçme makinesi

žoliapjovė

çarşaf

paklodė

yatak örtüsü

lovatiesė

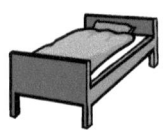

yatak

lova

süpürge

šluota

kova

kibiras

anahtar

jungiklis

oturma odası
svetainė

duvar kağıdı
tapetai
resim
nuotrauka
lamba
šviestuvas
raf
lentyna
dolap
spintelė
televizyon
televizorius
şömine
židinys
çiçek
gėlė
minder
pagalvėlė
kanepe
sofa
vazo
vaza
uzaktan kumanda
nuotolinio valdymo pultelis

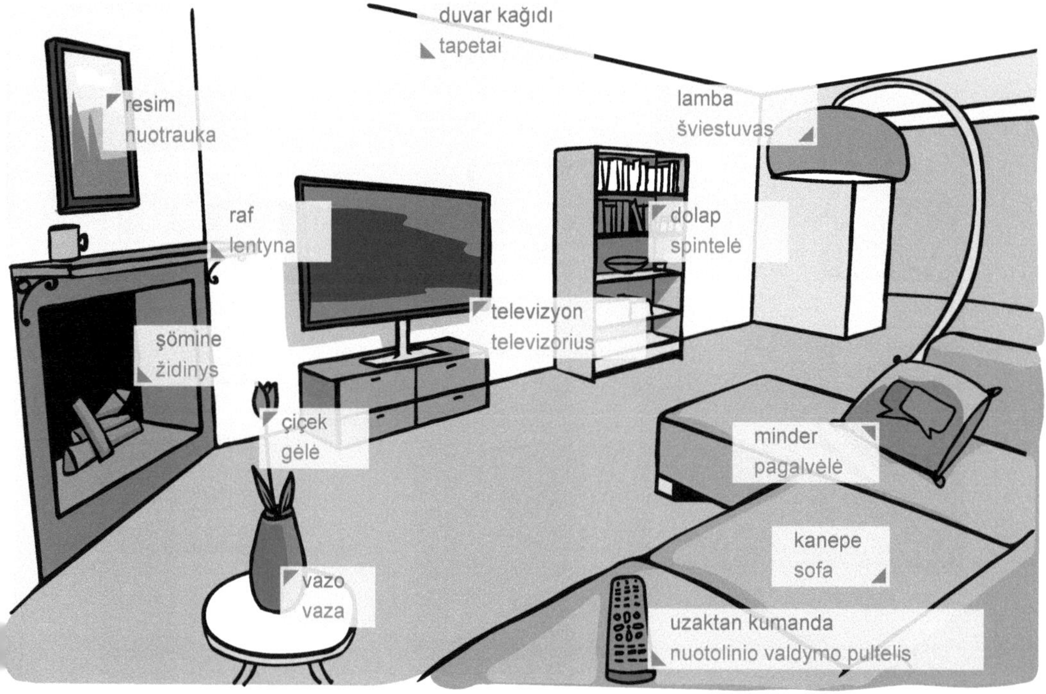

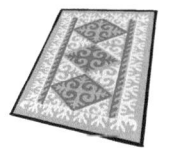

halı

kilimas

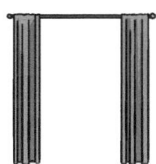

perde

užuolaida

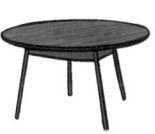

masa

stalas

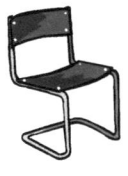

sandalye

kėdė

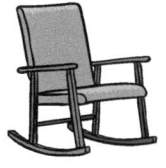

salıncaklı koltuk

supamasis krėslas

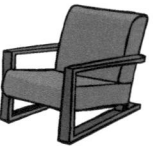

koltuk

fotelis

kitap

knyga

battaniye

antklodė

dekor

papuošimai

odun

malkos

film

filmas

hi-fi

stereo aparatūra

anahtar

raktas

gazete

laikraštis

tablo

paveikslas

poster

plakatas

radyo

radijas

defter

užrašų knygelė

elektrikli süpürge

dulkių siurblys

kaktüs

kaktusas

mum

žvakė

mutfak
virtuvė

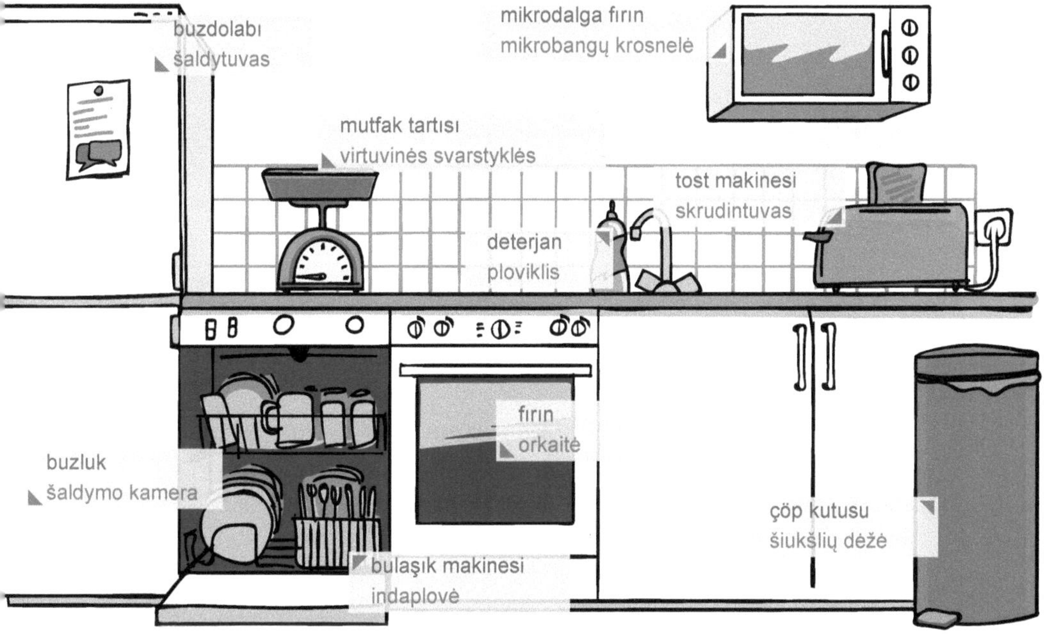
buzdolabı
šaldytuvas
mikrodalga fırın
mikrobangų krosnelė
mutfak tartısı
virtuvinės svarstyklės
tost makinesi
skrudintuvas
deterjan
ploviklis
fırın
orkaitė
buzluk
šaldymo kamera
çöp kutusu
šiukšlių dėžė
bulaşık makinesi
indaplovė

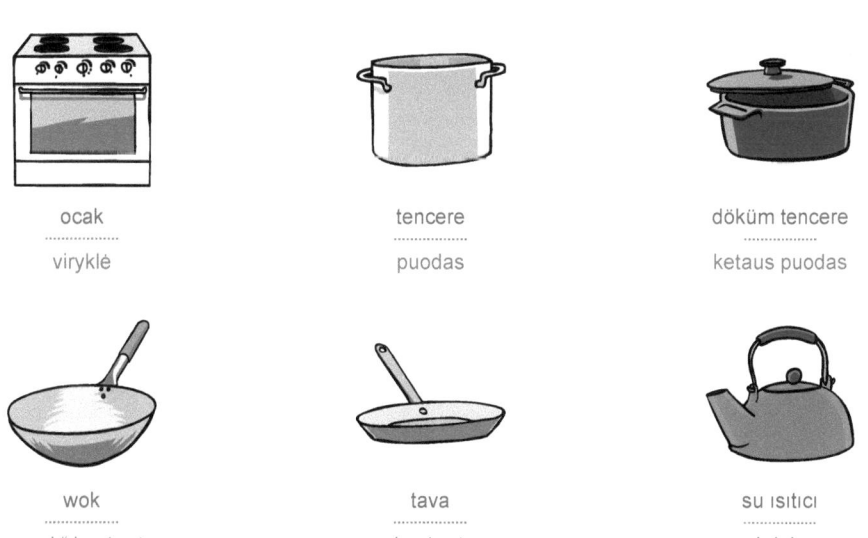

ocak
....
viryklė

tencere
....
puodas

döküm tencere
....
ketaus puodas

wok
....
„wok“ keptuvė

tava
....
keptuvė

su ısıtıcı
....
virdulys

buharlı pişirici

garų puodas

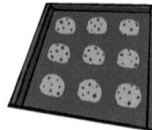

pişirme tepsisi

kepimo skarda

tabak takımı

porceliano indai

kupa

puodelis

kase

dubuo

çubuk (çin yemeği)

valgomosios lazdelės

kepçe

samtis

spatula

mentelė

çırpma teli

plaktuvas

süzgeç

koštuvas

elek

sietas

rende

trintuvė

havan

grūstuvė

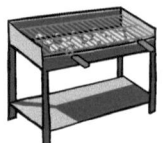

barbekü

kepsninė

açık ateş

atvira liepsna

kesme tahtası

pjaustymo lentelė

merdane

kočėlas

tirbüşon

kamščiatraukis

konserve kutusu

skardinė

konserve açacağı

skardinių atidarytuvas

fırın eldiveni

puodkėlė

evye

kriauklė

fırça

šepetys

sünger

kempinė

blender

trintuvas

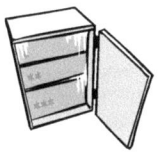

derin dondurucu

šaldiklis

biberon

kūdikių buteliukas

musluk

čiaupas

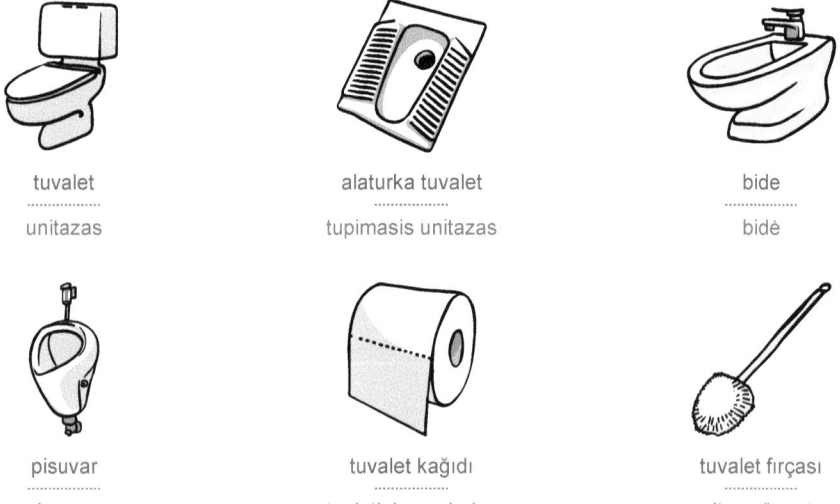

banyo
vonios kambarys

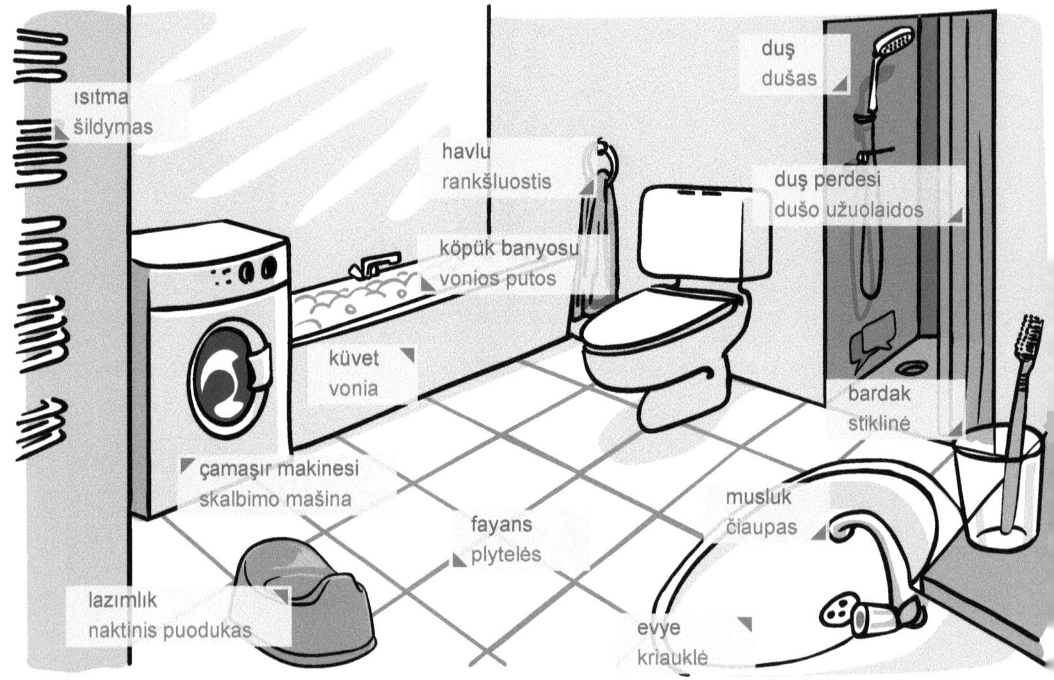

ısıtma
šildymas
havlu
rankšluostis
duş
dušas
duş perdesi
dušo užuolaidos
köpük banyosu
vonios putos
küvet
vonia
bardak
stiklinė
çamaşır makinesi
skalbimo mašina
musluk
čiaupas
fayans
plytelės
lazımlık
naktinis puodukas
evye
kriauklė

tuvalet

unitazas

alaturka tuvalet

tupimasis unitazas

bide

bidė

pisuvar

pisuaras

tuvalet kağıdı

tualetinis popierius

tuvalet fırçası

unitazo šepetys

diş fırçası

dantų šepetėlis

diş macunu

dantų pasta

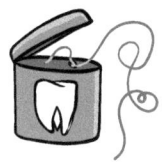

diş ipi

dantų siūlas

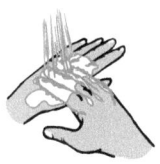

yıkamak

plauti

duş başlığı

dušo galvutė

duş başlığı şeklinde taharet musluğu

higieninis dušas

küvet

praustuvas

banyo fırçası

nugaros plaušinė

sabun

muilas

duş jeli

dušo želė

şampuan

šampūnas

banyo lifi

plaušinė

gider

kanalizacija

krem

kremas

deodorant

dezodorantas

ayna
veidrodis

el aynası
veidrodėlis

jilet
skustuvas

tıraş köpüğü
skutimosi putos

tıraş losyonu
losjonas po skutimosi

tarak
šukos

fırça
šepetys

saç kurutma makinesi
plaukų džiovintuvas

saç spreyi
plaukų lakas

makyaj
makiažas

ruj
lūpdažis

tırnak cilası
nagų lakas

pamuk
vata

tırnak makası
žirklutės nagams

parfüm
kvepalai

banyo - vonios kambarys

makyaj çantası

maišelis skalbiniams

tabure

taburetė

tartı

svarstyklės

bornoz

chalatas

lastik eldiven

guminės pirštinės

tampon

tamponas

kadın pedi

higieninis įklotas

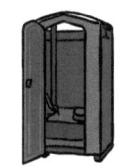

kimyevi tuvalet

biotualetas

çocuk odası
vaiko kambarys

çalar saat
žadintuvas
peluş oyuncak
pliušinis žaislas
oyuncak araba
žaislinė mašinėlė
çıngırak
barškutis
bebek evi
lėlės namelis
hediye
dovana

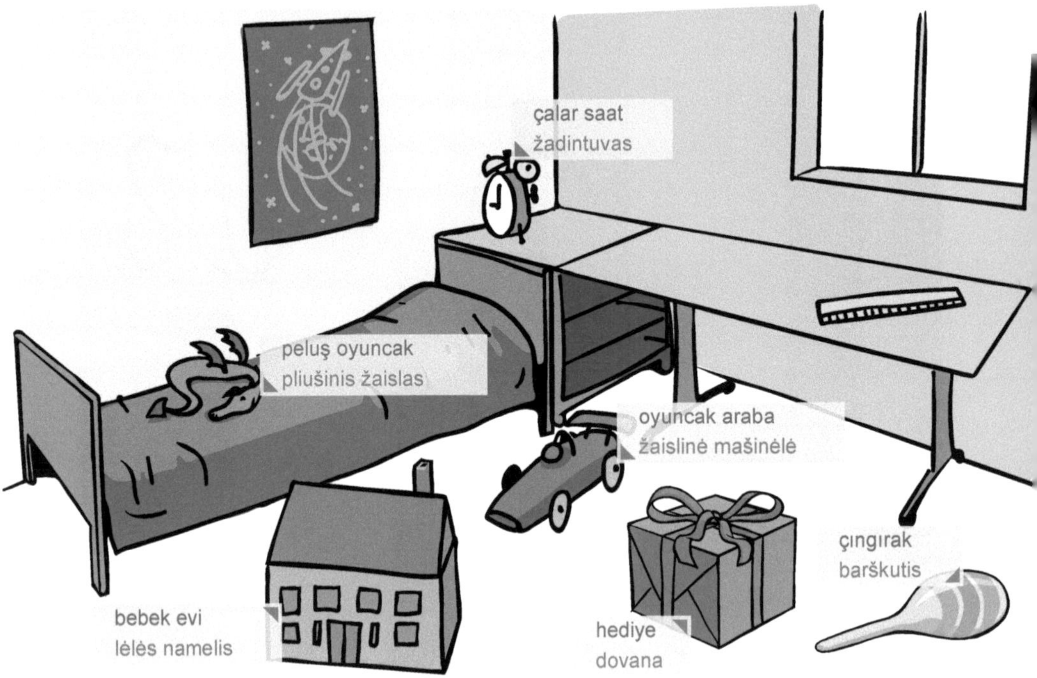

balon

balionas

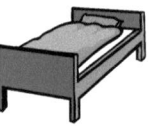

yatak

lova

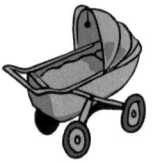

bebek arabası

vaikiškas vežimėlis

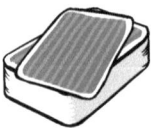

kart destesi

kortų malka

yapboz

delionė

SUPER MEGA

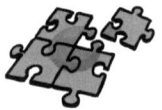

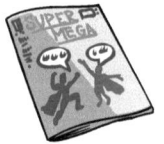

çizgi roman

komiksai

lego tuğlaları

lego kaladėlės

lego blokları

žaislinės kaladėlės

aksiyon figürü

figūrėlė

zıbın

šliaužtinukai

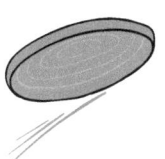

frizbi

mėtymo lėkštė

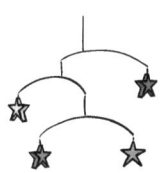

dönence

karuselė

masa oyunu

stalo žaidimas

zar

kauliukai

model tren seti

žaislinis traukinys

emzik

žindukas

parti

vakarėlis

resimli kitap

paveiksliukų knygelė

top

kamuolys

oyuncak bebek

lėlė

oynamak

žaisti

kum havuzu

smėlio dėžė

salıncak

sūpynės

oyuncaklar

žaislai

video oyun konsolu

žaidimų konsolė

üç tekerlekli bisiklet

triratukas

oyuncak ayı

meškiukas

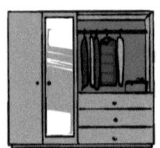

gardırop

drabužių spinta

kıyafet

drabužis

çorap

kojinės

külotlu çorap

kojinės virš kelių

tayt

pėdkelnės

eşarp
şalikas

şemsiye
skétis

tişört
marškinéliai

kemer
diržas

spor ayakkabı
sportbačiai

bot
ilgaauliai batai

terlik
šlepetés

sandalet
sandalai

ayakkabı
batai

lastik çizme
guminiai batai

külot
trumpikés

sütyen
liemenélé

yelek
liemené

kıyafet - drabužis

dar bluz

glaustinukė

pantolon

kelnės

kot pantolon

džinsai

etek

sijonas

bluz

palaidinė

gömlek

marškiniai

kazak

megztinis

süveter

megztinis su gobtuvu

blazer

švarkelis

ceket

švarkas

mont

paltas

yağmurluk

lietpaltis

kostüm

kostiumas

elbise

suknelė

gelinlik

vestuvinė suknelė

takım elbise

kostiumas

gecelik

naktiniai marškiniai

pijama

pižama

sari

saris

baş örtüsü

skarelė

türban

tiurbanas

burka

burka

kaftan

kaftanas

çarşaf

abaja

mayo

maudymosi kostiumėlis

erkek mayosu

glaudės

şort

šortai

eşofman

sportinis kostiumas

önlük

prijuostė

eldiven

pirštinės

düğme

saga

gözlük

akiniai

bilezik

apyrankė

kolye

vėrinys

yüzük

žiedas

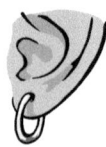

küpe

auskaras

kep

kepurė

portmanto

pakabas

şapka

skrybėlė

kravat

kaklaraištis

fermuar

užtrauktukas

kask

šalmas

pantolon askısı

breketai

okul forması

mokyklinė uniforma

üniforma

uniforma

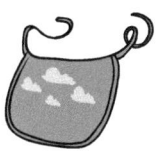

mama önlüğü

seilinukas

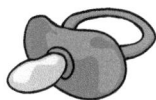

emzik

žindukas

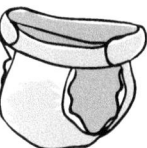

bebek bezi

vystyklai

ofis
biuras

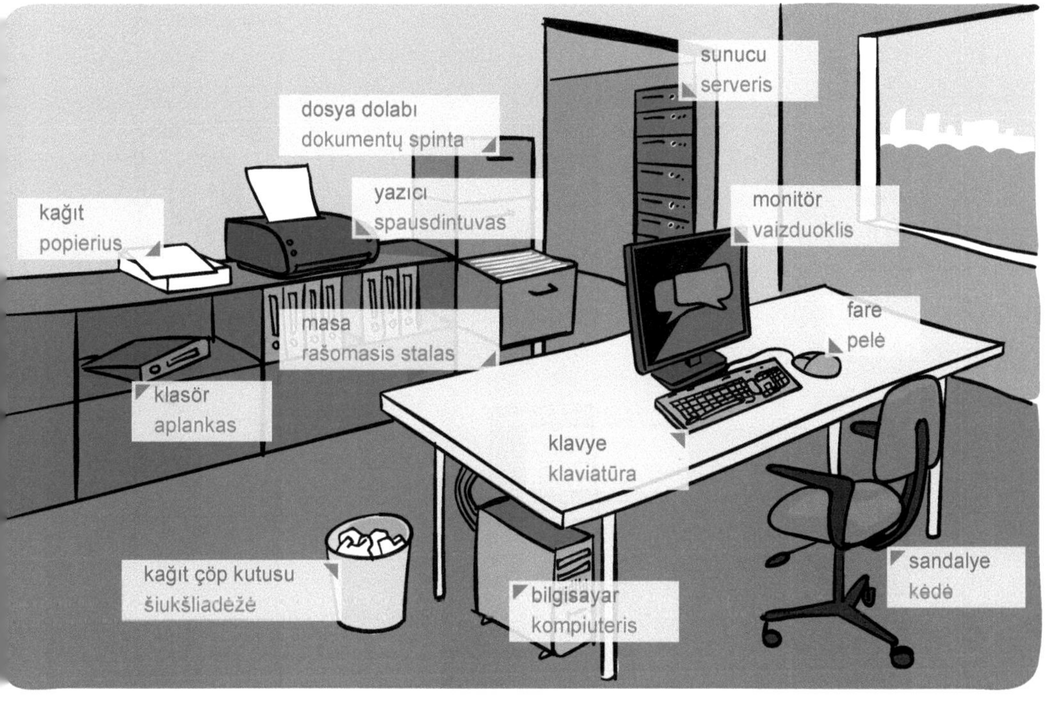

sunucu
serveris
dosya dolabı
dokumentų spinta
yazıcı
spausdintuvas
kağıt
popierius
monitör
vaizduoklis
fare
pelė
masa
rašomasis stalas
klasör
aplankas
klavye
klaviatūra
kağıt çöp kutusu
šiukšliadėžė
bilgisayar
kompiuteris
sandalye
kėdė

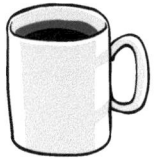

kahve fincanı

kavos puodelis

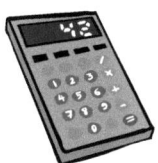

hesap makinesi

kalkuliatorius

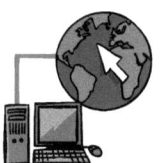

internet

internetas

dizüstü

nešiojamasis kompiuteris

mektup

laiškas

mesaj

žinutė

cep telefonu

mobilusis telefonas

ağ

tinklas

fotokopi makinesi

fotokopijavimo aparatas

yazılım

programinė įranga

telefon

telefonas

priz

kištukinis lizdas

faks makinesi

faksas

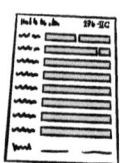

form

forma

belge

dokumentas

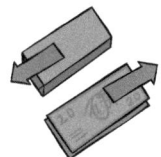

satın almak

pirkti

ödemek

mokėti

ticaret yapmak

prekiauti

para

pinigai

dolar

doleris

avro

euras

yen

jena

ruble

rublis

İsviçre frangı

Šveicarijos frankas

Çin yuanı

juanis

rupi

rupija

kasa

bankomatas

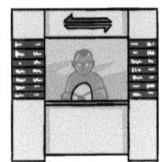

döviz bürosu

valiutos keitykla

altın

auksas

gümüş

sidabras

petrol

nafta

enerji

energija

fiyat

kaina

kontrat

sutartis

vergi

mokestis

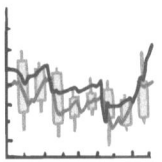

menkul değer

akcijos

çalışmak

dirbti

işveren

darbuotojas

işçi

darbdavys

fabrika

gamykla

mağaza

parduotuvė

ekonomi - ekonomika

polis memuru
policininkas

itfaiyeci
ugniagesys

aşçı
virėjas

doktor
gydytojas

pilot
lakūnas

bahçıvan

sodininkas

marangoz

stalius

terzi

siuvėja

hakim

teisėjas

kimyager

chemikas

aktör

aktorius

otobüs şoförü

autobuso vairuotojas

taksi şoförü

taksi vairuotojas

balıkçı

žvejys

temizlikçi

valytoja

çatı ustası

stogdengys

garson

padavėjas

avcı

medžiotojas

boyacı

dailininkas

fırıncı

kepėjas

elektrikçi

elektrikas

inşaatçı

statybininkas

mühendis

inžinierius

kasap

mėsininkas

muslukçu

santechnikas

postacı

paštininkas

meslekler - profesijos

asker

kareivis

mimar

architektas

kasiyer

kasininkas

çiçekçi

gėlininkas

kuaför

kirpėjas

kondüktör

konduktorius

tamirci

mechanikas

kaptan

kapitonas

dişçi

odontologas

bilim insanı

mokslininkas

haham

rabinas

imam

imamas

keşiş

vienuolis

rahip

kunigas

aletler
įrankiai

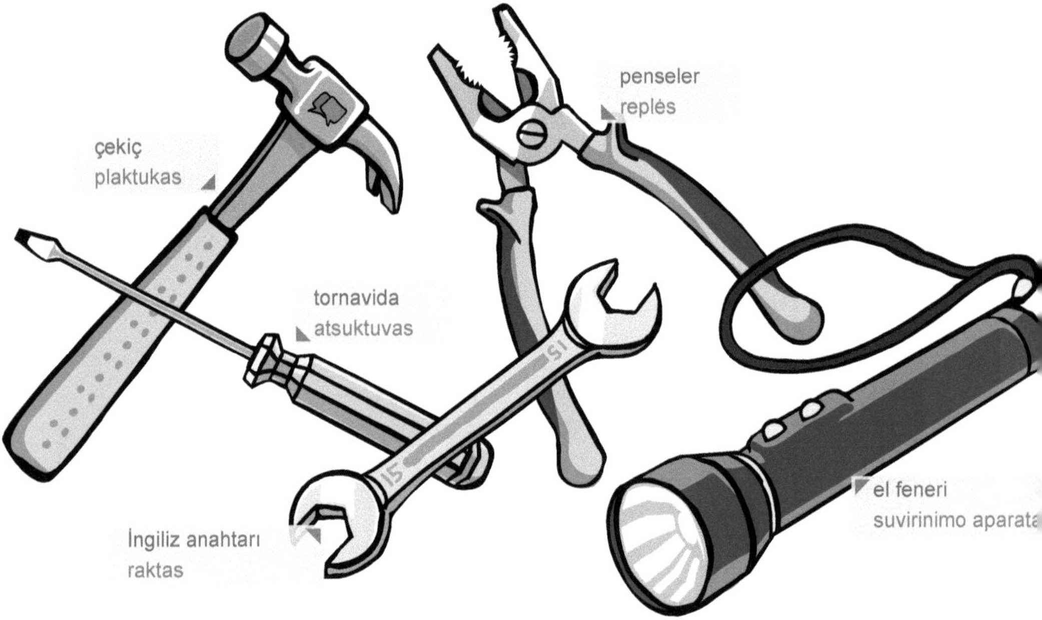
penseler
replės
çekiç
plaktukas
tornavida
atsuktuvas
el feneri
suvirinimo aparata
İngiliz anahtarı
raktas

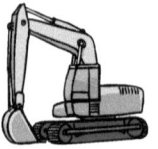

kazı makinesi

ekskavatorius

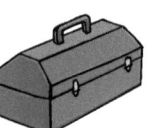

alet çantası

įrankių dėžė

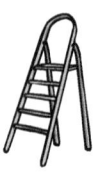

merdiven

kopėčios

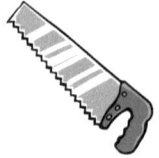

testere

pjūklas

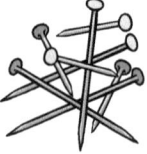

çiviler

vinys

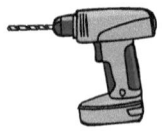

matkap

grąžtas

tamir etmek

taisyti

kürek

kastuvas

Kahretsin!

Velniava!

faraş

semtuvėlis

boya tenekesi

dažų skardinė

vidalar

varžtai

müzik enstrümanı
muzikos instrumentai

hoparlör

garsiakalbis

bateri seti

būgnų rinkinys

gitar

gitara

kontrbas

kontrabosas

trompet

trimitas

piyano

pianinas

keman

smuikas

basgitar

bosinė gitara

timpani

timpanas

bateri

būgnai

klavye

sintezatorius

saksafon

saksofonas

flüt

fleita

mikrofon

mikrofonas

hayvanat bahçesi

zoologijos sodas

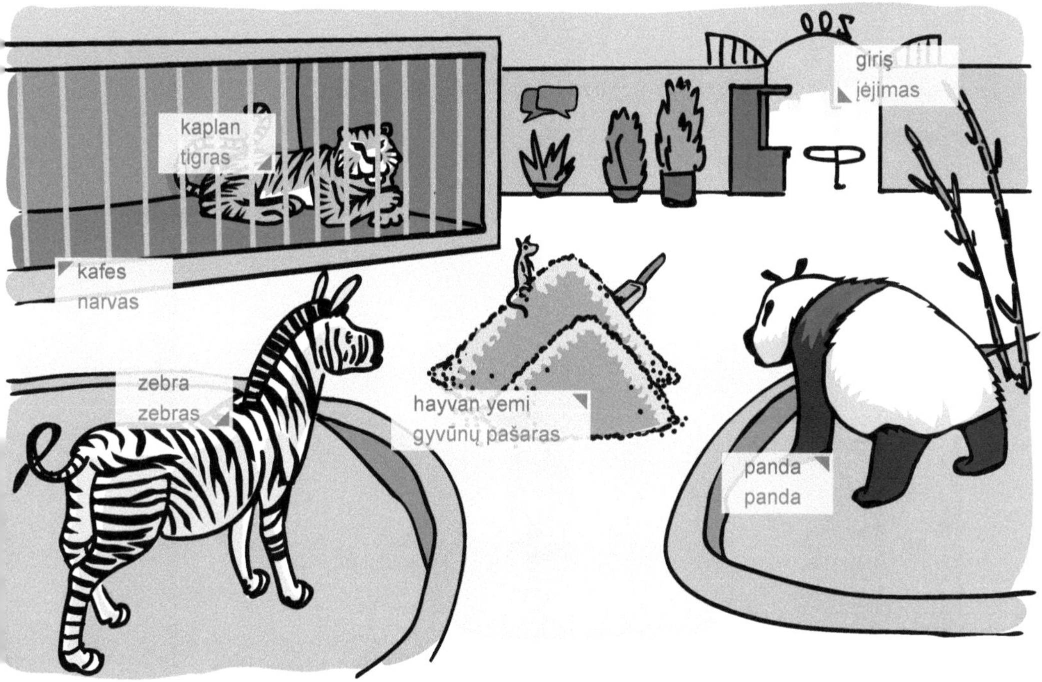

giriş
įėjimas
kaplan
tigras
kafes
narvas
zebra
zebras
hayvan yemi
gyvūnų pašaras
panda
panda

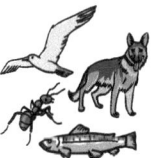

hayvanlar
gyvūnai

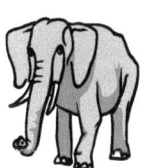

fil
dramblys

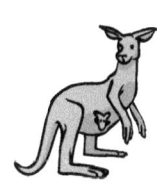

kanguru
kengūra

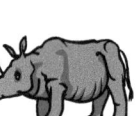

gergedan
raganosis

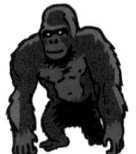

goril
gorila

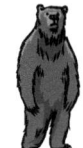

ayı
meška

deve

kupranugaris

deve kuşu

strutis

aslan

liūtas

maymun

beždžionė

flamingo

flamingas

papağan

papūga

kutup ayısı

baltoji meška

penguen

pingvinas

köpek balığı

ryklys

tavus kuşu

povas

yılan

gyvatė

timsah

krokodilas

hayvanat bahçesi görevlisi

zoologijos sodo prižiūrėtojas

fok

ruonis

jaguar

jaguaras

midilli atı

ponis

leopar

leopardas

su aygırı

begemotas

zürafa

žirafa

kartal

erelis

yaban domuzu

šernas

balık

žuvis

kaplumbağa

vėžlys

mors

vėplys

tilki

lapė

ceylan

gazelė

amerikan futbolu
amerikietiškas futbolas

bisiklete binme
dviračių sportas

tenis
tenisas

basketbol
krepšinis

yüzme
plaukimas

boks
boksas

buz hokeyi
ledo ritulys

futbol	badminton	atletizm
futbolas	badmintonas	atletika

hentbol	kayak	polo
rankinis	slidinėjimas	polas

gülmek
juoktis

atlamak
šokinėti

sarılmak
apkabinti

yürümek
vaikščioti

söylemek
dainuoti

dua etmek
melstis

öpmek
bučiuoti

hayal etmek
svajoti

yazmak	çizmek	göstermek
rašyti	piešti	rodyti

itmek	vermek	almak
stumti	duoti	imti

sahip olmak

turėti

yapmak

daryti

olmak

būti

ayakta durmak

stovėti

koşmak

bėgti

çekmek

traukti

atmak

mesti

düşmek

kristi

yalan söylemek

meluoti

beklemek

laukti

taşımak

nešti

oturmak

sėdėti

giyinmek

rengtis

uyumak

miegoti

uyanmak

pabusti

bakmak

žiūrėti

ağlamak

verkti

vurmak

glostyti

taramak

šukuoti

konuşmak

kalbėti

anlamak

suprasti

sormak

paklausti

dinlemek

klausytis

içmek

gerti

yemek

valgyti

düzcnlemek

tvarkytis

sevmek

mylėti

pişirmek

gaminti

sürmek

vairuoti

uçmak

skristi

denize açılmak

buriuoti

hesapla

skaičiuoti

okumak

skaityti

öğrenmek

mokytis

çalışmak

dirbti

evlenmek

vesti

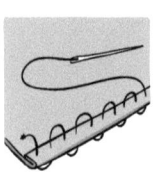

dikmek

siūti

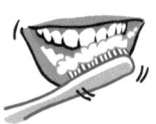

diş fırçalamak

valytis dantis

öldürmek

žudyti

sigara içmek

rūkyti

yollamak

siųsti

büyükanne
senelė

büyükbaba
senelis

baba
tėvas

anne
motina

bebek
kūdikis

kız
dukra

oğul
sūnus

misafir

svečias

teyze

teta

amca

dėdė

erkek kardeş

brolis

kız kardeş

sesuo

vücut
kūnas

alın
kakta
göz
akis
omuz
petys
parmak
pirštas
yüz
veidas
çene
smakras
el
plaštaka
bacak
koja
göğüs
krūtinė
kol
ranka

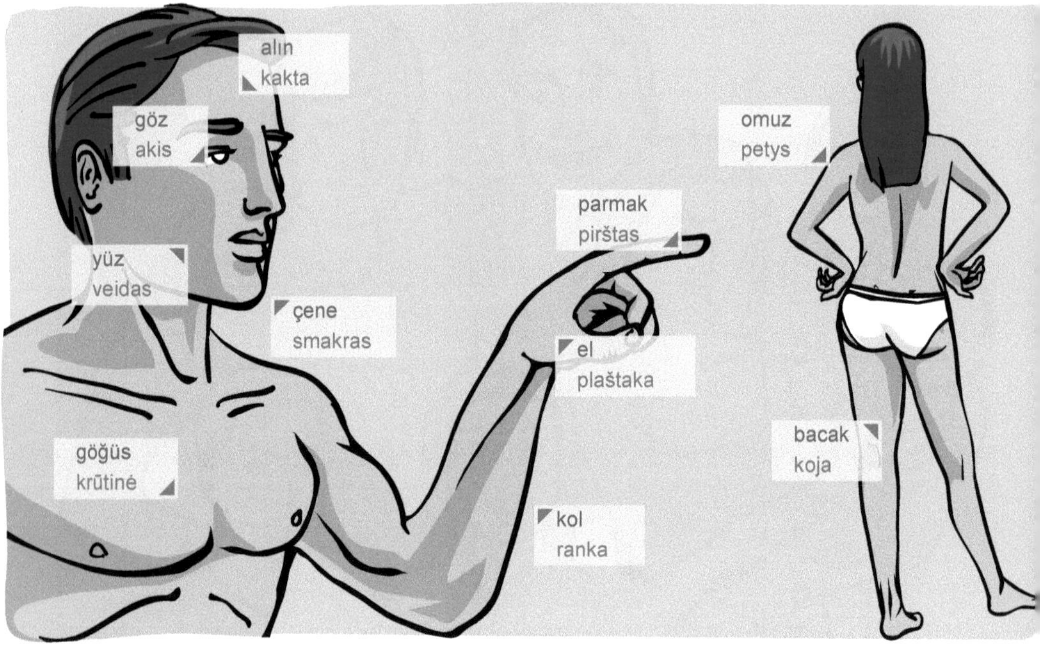

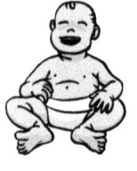

bebek

kūdikis

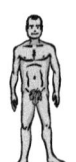

adam

vyras

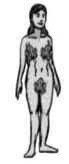

kadın

moteris

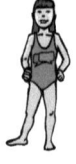

kız

mergaitė

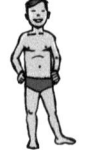

erkek çocuk

berniukas

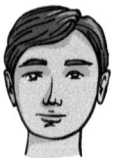

baş

galva

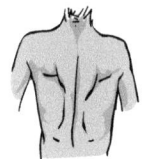

sırt

nugara

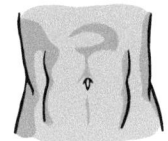

karın

pilvas

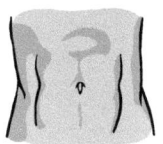

göbek

bamba

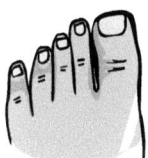

ayak parmağı

kojos pirštas

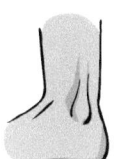

topuk

kulnas

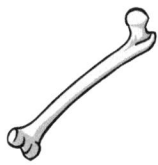

kemik

kaulas

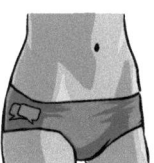

kalça

klubas

diz

kelis

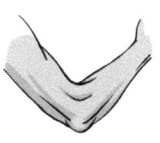

dirsek

alkūnė

burun

nosis

kalça

sėdmenys

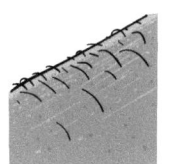

deri

oda

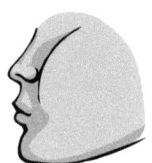

yanak

skruostas

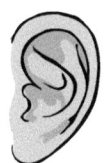

kulak

ausis

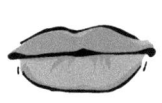

dudak

lūpa

ağız

burna

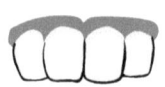

diş

dantis

dil

liežuvis

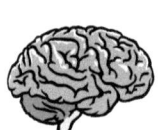

beyin

smegenys

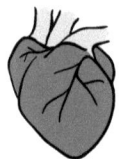

kalp

širdis

kas

raumuo

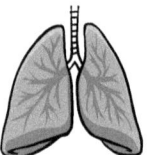

akciğer

plaučiai

karaciğer

kepenys

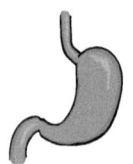

mide

skrandis

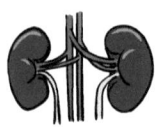

böbrekler

inkstai

seks

seksas

prezervatif

prezervatyvas

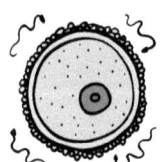

yumurtalık

kiaušialąstė

sperm

sperma

hamilelik

nėštumas

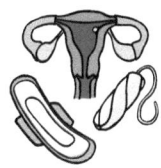

regl

menstruacijos

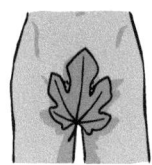

vajina

makštis

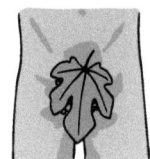

penis

varpa

kaş

antakis

saç

plaukai

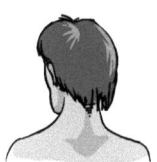

boyun

kaklas

hastane

ligoninė

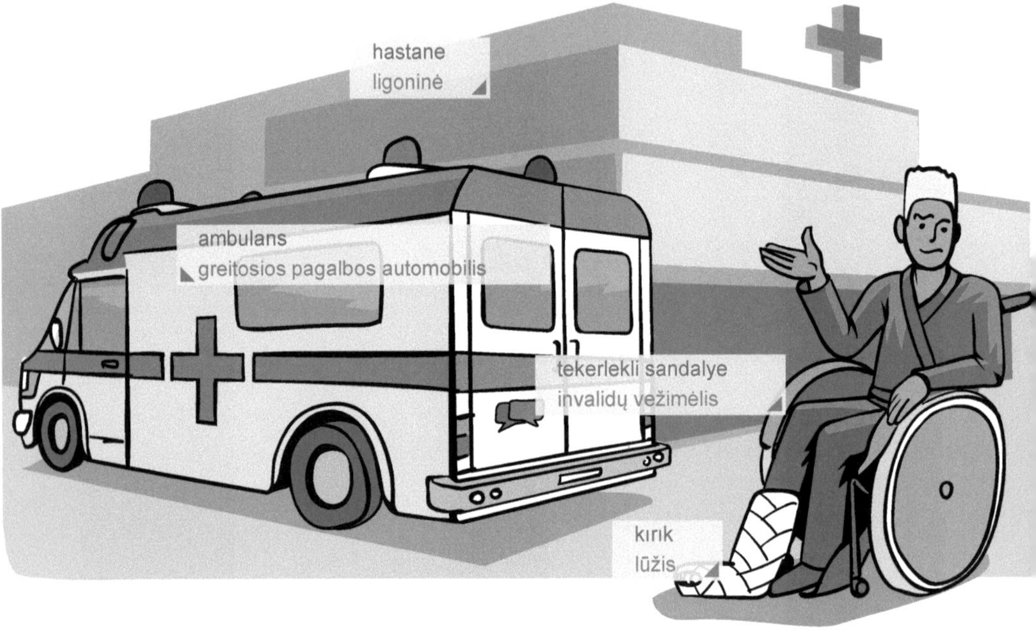

hastane
ligoninė
ambulans
greitosios pagalbos automobilis
tekerlekli sandalye
invalidų vežimėlis
kırık
lūžis

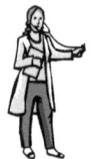

doktor

gydytojas

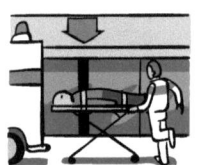

acil servis

skubios pagalbos skyrius

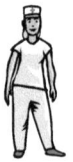

hemşire

slaugytoja

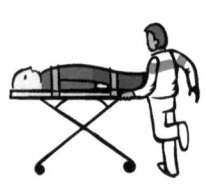

acil

nelaimingas atsitikimas

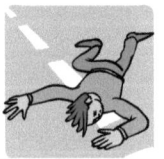

baygın

be sąmonės

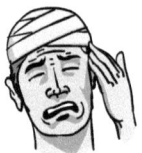

acı

skausmas

yaralanma

sužalojimas

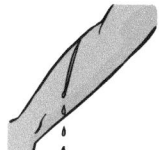

kanama

kraujavimas

kalp krizi

širdies smūgis

felç

insultas

alerji

alergija

öksürük

kosulys

ateş

karščiavimas

grip

gripas

ishal

viduriavimas

baş ağrısı

galvos skausmas

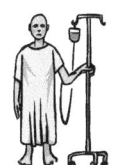

kanser

vėžys

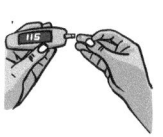

şeker hastalığı

diabetas

cerrah

chirurgas

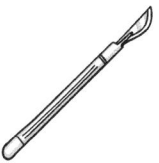

neşter

skalpelis

operasyon

operacija

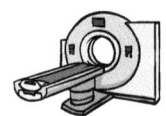

bilgisayarlı tomografi
KT

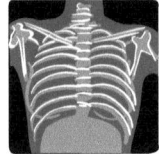

röntgen
rentgenas

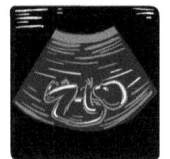

ultrason
ultragarsas

yüz maskesi
veido kaukė

hastalık
liga

bekleme odası
laukiamasis

koltuk değneği
ramentas

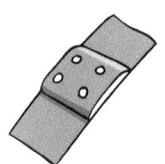

yara bandı
gipsas

bandaj
tvarstis

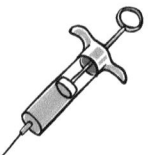

enjeksiyon
injekcija

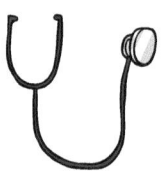

steteskop
stetoskopas

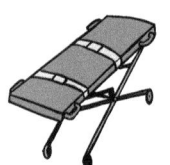

sedye
neštuvai

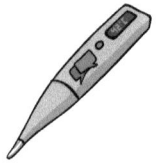

tıbbi termometre
termometras

doğum
gimimas

fazla kilo
antsvoris

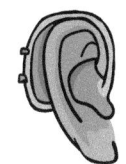

işitme cihazı

klausos aparatas

dezenfektan

dezinfekavimo priemonė

enfeksiyon

infekcija

virüs

virusas

HIV / AIDS

ŽIV / AIDS

ilaç

vaistas

aşı

skiepijimas

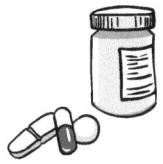

tablet

tabletės

hap

piliulė

acil çağrı

skubios pagalbos numeris

tansiyon aleti

kraujospūdžio matuoklis

hasta / sağlıklı

ligotas / sveikas

İmdat!
Padėkite!

darp
užpuolimas

alarm
pavojaus signalas

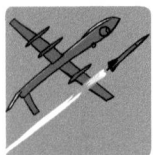

saldırı
ataka

tehlike
pavojus

acil çıkış
avarinis išėjimas

Yangın!
Gaisras!

yangın tüpü
gesintuvas

kaza
nelaimingas atsitikimas

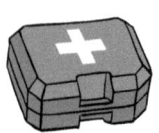

ilk yardım çantası
pirmosios pagalbos rinkinys

imdat
SOS

polis
policija

Avrupa

Europa

Kuzey Amerika

Šiaurės Amerika

Güney amerika

Pietų Amerika

Afrika

Afrika

Asya

Azija

Avustralya

Australija

Atlantik

Atlanto vandenynas

Pasifik

Ramusis vandenynas

Hint Okyanusu

Indijos vandenynas

Antarktika Okyanusu

Pietų vandenynas

Arktik Okyanusu

Arkties vandenynas

Kuzey Kutbu

Šiaurės ašigalis

Güney Kutbu

Pietų ašigalis

Antarktika

Antarktida

dünya

Žemė

kara

sausuma

deniz

jūra

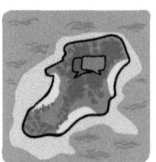

ada

sala

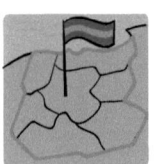

ulus

tauta

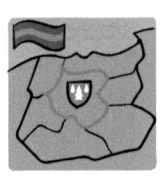

ülke

valstybė

kadran

ciferblatas

akrep

valandinė rodyklė

yelkovan

minutinė rodyklė

saniye ibresi

sekundinė rodyklė

Saat kaç?

Kiek valandų?

gün

diena

zaman

laikas

şimdi

dabar

dijital saat

skaitmeninis laikrodis

dakika

minutė

saat

valanda

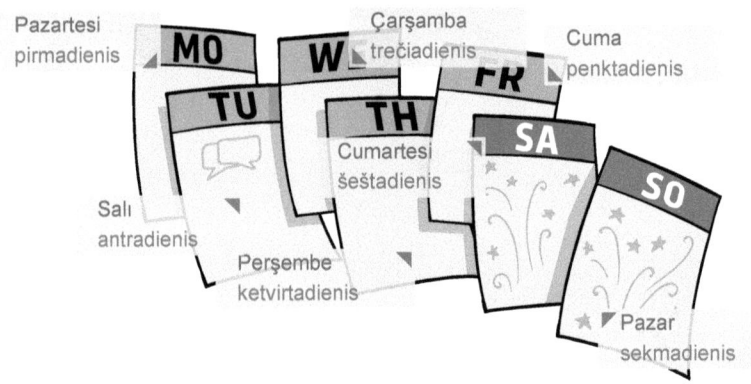

Pazartesi
pirmadienis

Çarşamba
trečiadienis

Cuma
penktadienis

Salı
antradienis

Cumartesi
šeštadienis

Perşembe
ketvirtadienis

Pazar
sekmadienis

dün

vakar

bugün

šiandien

yarın

rytoj

sabah

rytas

öğle

vidurdienis

akşam

vakaras

MO	TU	WE	TH	FR	SA	SU
1	2	3	4	5	6	7
8	9	10	11	12	13	14
15	16	17	18	19	20	21
22	23	24	25	26	27	28
29	30	31	1	2	3	4

iş günleri

darbo dienos

MO	TU	WE	TH	FR	SA	SU
1	2	3	4	5	6	7
8	9	10	11	12	13	14
15	16	17	18	19	20	21
22	23	24	25	26	27	28
29	30	31	1	2	3	4

hafta sonu

savaitgalis

yıl
metai

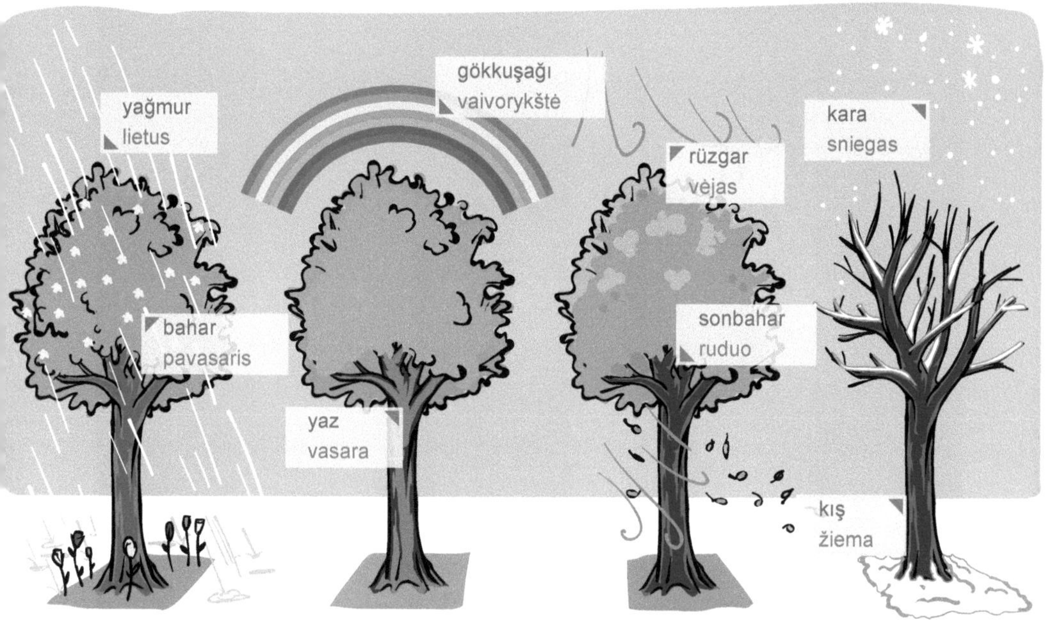
yağmur
lietus
gökkuşağı
vaivorykštė
rüzgar
vėjas
kara
sniegas
bahar
pavasaris
sonbahar
ruduo
yaz
vasara
kış
žiema

4.APRIL 11°
5.APRIL 4°
6.APRIL 13°
7.APRIL 8°
8.APRIL 10°

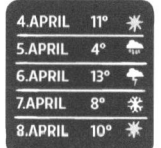

hava durumu tahmini

orų prognozė

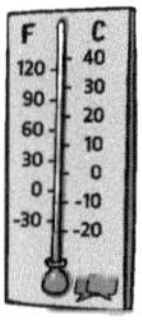
F C
120 40
90 30
60 20
30 10
0 0
-30 -10
-20

termometre

lauko termometras

güneş ışığı

saulės šviesa

bulut

debesis

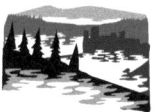

sis

rūkas

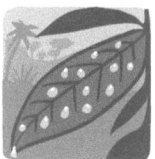

nem

drėgmė

şimşek

žaibas

gök gürültüsü

griaustinis

fırtına

audra

dolu

kruša

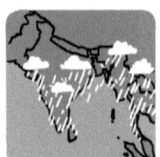

muson

musonas

sel

potvynis

buz

ledas

Ocak

sausis

Şubat

vasaris

Mart

kovas

Nisan

balandis

Mayıs

gegužė

Haziran

birželis

Temmuz

liepa

Ağustos

rugpjūtis

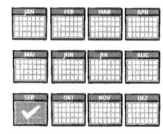

Eylül

rugsėjis

Ekim

spalis

Kasım

lapkritis

Aralık

gruodis

daire

apskritimas

kare

kvadratas

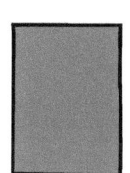

dikdörtgen

stačiakampis

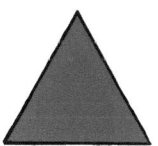

üçgen

trikampis

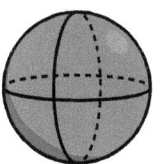

küre

sfera

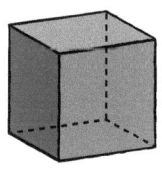

küp

kubas

beyaz

balta

sarı

geltona

turuncu

oranžinė

pembe

rožinė

kırmızı

raudona

mor

violetinė

mavi

mėlyna

yeşil

žalia

kahverengi

ruda

gri

pilka

siyah

juoda

çok / az

daug / mažai

kızgın / sakin

piktas / ramus

güzel / çirkin

gražus / bjaurus

başlangıç / son

pradžia / pabaiga

büyük / küçük

didelis / mažas

parlak / karanlık

šviesus / tamsus

erkek kardeş / kız kardeş

brolis / sesuo

temiz / kirli

švarus / purvinas

tamam / eksik

užbaigtas / neužbaigtas

gün / gece

diena / naktis

ölü / canlı

miręs / gyvas

geniş / dar

platus / siauras

yenilebilir / yenilemez

valgomas / nevalgomas

kötü / iyi

piktas / malonus

heyecanlı / sıkılmış

linksmas / nuobodus

şişman / zayıf

storas / plonas

ilk / son

pirmiausia / paskiausia

dost / düşman

draugas / priešas

dolu / boş

pilnas / tuščias

sert / yumuşak

kietas / minkštas

ağır / hafif

sunkus / lengvas

açlık / susuzluk

alkis / troškulys

hasta / sağlıklı

ligotas / sveikas

yasa dışı / yasal

nelegalus / legalus

zeki / aptal

protingas / kvailas

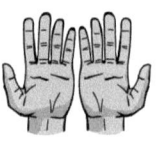

sol / sağ

kairė / dešinė

yakın / uzak

arti / toli

zıt anlamlılar - priešingos reikšmės žodžiai

yeni / kullanılmış

naujas / naudotas

hiçbir şey / bir şey

niekas / kažkas

yaşlı / genç

senas / jaunas

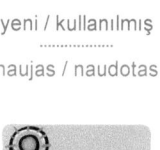

açma / kapama

jjungta / išjungta

açık / kapalı

atidaryta / uždaryta

sessiz / gürültülü

tylus / garsus

zengin / fakir

turtingas / vargšas

doğru / yanlış

teisus / neteisus

pürüzlü / düz

šiurkštus / švelnus

üzgün / mutlu

liūdnas / laimingas

kısa / uzun

trumpas / ilgas

yavaş / hızlı

lėtas / greitas

ıslak / kuru

drėgnas / sausas

sıcak / serin

šiltas / šaltas

savaş / barış

karas / taika

zıt anlamlılar - priešingos reikšmės žodžiai

0	1	2
sıfır	bir	iki
nulis	vienas	du

3	4	5
üç	dört	beş
trys	keturi	penki

6	7	8
altı	yedi	sekiz
şeşi	septyni	aštuoni

9	10	11
dokuz	on	on bir
devyni	dešimt	vienuolika

12

on iki

dvylika

13

on üç

trylika

14

on dört

keturiolika

15

on beş

penkiolika

16

on altı

šešiolika

17

on yedi

septyniolika

18

on sekiz

aštuoniolika

19

on dokuz

devyniolika

20

yirmi

dvidešimt

100

yüz

šimtas

1.000

bin

tūkstantis

1.000.000

milyon

milijonas

İngilizce

anglų

Amerikan İngilizcesi

amerikiečių anglų

Çince (Mandarin)

kinų (mandarinų)

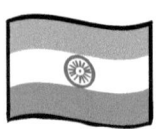

Hintçe

hindi

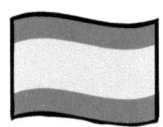

İspanyolca

ispanų

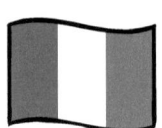

Fransızca

prancūzų

Arapça

arabų

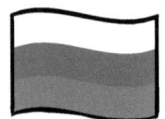

Rusça

rusų

Portekizce

portugalų

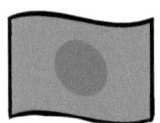

Bengalce

bengalų

Almanca

vokiečių

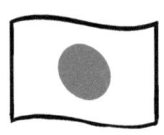

Japonca

japonų

ben

aš

sen

tu

o

jis / ji

biz

mes

siz

jūs

onlar

jie

kim?

kas?

ne?

ką?

nasıl?

kaip?

nerede?

kur?

ne zaman?

kada?

isim

vardas

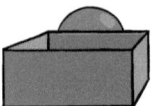

arkasında

už

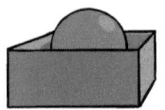

içinde

kur (vieta)

önünde

priešais

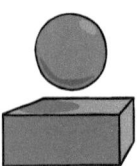

üzerinde

virš

üstünde

ant

altında

po

yanında

prie

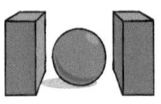

arasında

tarp

yer

vieta